∞ॐ∞ॐ∞ॐ∞ॐ∞ॐ∞ॐ∞ॐ∞1∞ॐ∞ॐ∞ॐ∞ॐ∞ॐ∞ॐ∞ॐ∞

Danke
* Tag für Tag *
Wunder erleben und teilen

Text, Titelbild und Inhaltsgestaltung
von Beate Hefler

Impressum

Text Copyright © 2016 by Beate Hefler
Text von Beate Hefler
Inhaltsgestaltung von Beate Hefler
Titelbild von Beate Hefler

ISBN 978-3-7412-5407-9

Herstellung und Verlag: Books on Demand GmbH, Norderstedt

Bibliografische Information der Deutschen Bibliothek:

Die Deutsche Bibliothek verzeichnet diese Publikation in der Deutschen Nationalbibliografie; detaillierte bibliografische Daten sind im Internet über <http://dnb.ddb.de> abrufbar

Das Buch:

Das Dankbarkeitsbuch möchte Sie unterstützen, bewusst JA zu Ihrem Leben zu sagen.

31 Seitenpaare warten auf Ihre Eindrücke. Die linke Seite ist, ähnlich wie eine Pinnwand gestaltet, mit Raum für bildhafte Botschaften. Auf der rechten Seite wollen Zeilen mit Worten der Wertschätzung für Ihr Leben erfüllt werden.

Ich wünsche Ihnen, dass viele bunte Farben und wunderbare Worte aus Ihrem Alltag in dieses Buch überspringen. Viel Freude beim Gestalten und eine gesegnete Zeit.

Danke

* Tag für Tag *

Die Autorin:

Seit 2005 bin ich als freischaffende Künstlerin und Autorin tätig.
Weitere Informationen finden Sie unter:
www.beate-hefler.de

Danke
* Tag für Tag *
Wunder erleben und teilen

In den letzten Jahren hat sich die Zeitqualität verändert, so dass die Tage dicht angefüllt sind mit Ereignissen, Gefühlen und Wachstumsprozessen. Dadurch ist es möglich jetzt an einem Tag soviel zu erleben wie zuvor in einer Woche oder noch mehr. Alles bewegt sich schneller, fast wie in einem Zeitraffer. So ähnlich, wie wenn eine Kamera vom Wachstum einer Blume über einen längeren Zeitraum Bilder macht und diese Aufnahmen dann in einem Film in sehr schneller Abfolge hintereinander abgespielt werden.

Wir leben in einem Zeitalter der Neuorientierung und Evolution. Auch wir befinden uns in einem persönlichen Wandel. Evolution bedeutet veränderte Bedingungen, die alten Methoden, Dinge zu betrachten und zu tun verlieren ihre Gültigkeit, deshalb ist es notwendig und heilsam unsere Sichtweise auf uns, die Mutter Erde und unser Leben zu verändern und anzupassen.

Nun heißt es liebgewonnene Eigenschaften, Verhaltensweisen und die Bequemlichkeit der Routine hinter uns zu lassen.
Das Leben rüttelt an unseren Alltagstüren und fordert uns dazu auf, immer authentischer, gefühlvoller und klarer zu sein. Das Leben ruft uns dazu auf unsere Angstbrillen, gegen die Brillen der liebevollen Geduld und Wertfreiheit zu tauschen.

Wer schon einmal nach längerer Zeit, einen Wohnraum umgestalten wollte mit neuem Boden, Möbeln und Wandanstrich, der kennt die Vorfreude auf das Neue und auch die Zwischenzeit, in der man Geduld und Kraft braucht; es gilt immer wieder zu improvisieren und umzudenken.
Ebenso tut man sich leichter, wenn man flexibel auf Widerstände reagiert anstatt mit dem Kopf durch die Wand zu gehen.

Die Ereignisse überschlagen sich und am Abend ist man geschafft. Manchmal auch unzufrieden wegen Dingen die nicht so gelaufen sind wie wir sie uns vielleicht vorgestellt haben, dann ärgern wir uns oder wir denken an die Atemlosigkeit des Tages und haben schon längst die wunderbaren Energien dazwischen aus den Augen verloren, weil wir schon wieder mit unseren Gedanken im Gestern oder im Morgen sind.

Doch diese positiven Momente sind wie kraftvolle Inseln in einem alltäglichen Ozean, in welchem oft der Strand der Ruhe und Erholung so weit entfernt scheint.

Ich habe für mich überlegt, wie ich die positiven Energien des Tages länger im Gedächtnis behalten kann. Dabei kam mir die Idee zu einem Dankbarkeitsbuch mit je 31 Seitenpaaren unterteilt in eine Bild- und Textseite.

So ist es möglich z. B. täglich am Abend inne zu halten und mir die schönen Momente, Begegnungen, Geschenke, Gespräche, Gefühle, Veränderungen bewusst zu machen und sie dankbar zu notieren und/oder auf der Bildseite einzukleben oder zu malen.

Angenommen ich habe an diesem Morgen eine besonders gute Tasse Kaffee getrunken. So kann ich auf die Bildseite eine Tasse Kaffe malen oder kleben und auf die Textseite schreiben wie ich mich an diesen besonderen Moment erinnere. Dann bin ich mit dem Auto im Berufsverkehr unterwegs. An einer Stelle, an der ich abbiegen muss und ich normalerweise lange warte, hat mir ein lächelnder Autofahrer gewunken, ich soll fahren. Wieder ein Mosaikstein für mein Dankbarkeitsbuch. Abends habe ich auf dem Erdbeerfeld leckere Bio-Erdbeeren gepflückt. Diese Rechnung kann ich auf die Bildseite kleben und beim Durchblättern des Dankbarkeitsbuches mir selbst im Herbst wieder das Erdbeerfeld und den köstlichen Geschmack und Geruch der Früchte ins Gedächtnis rufen. So kann ich die schönen Momente des Tages oder eines Projekts wie in einem persönlichen Sammelalbum zusammentragen, malen, kleben, schreiben, eben so wie es mir gefällt.

So kann ich mir bereits beim Reflektieren die kraftvollen Momente des Tages noch einmal vor mein geistiges Auge holen.

Gleichzeitig habe ich immer wieder die Möglichkeit in meinem Dankbarkeitsbuch zu blättern und mich wie mit einem guten Freund an schöne, verbindende Ereignisse zu erinnern.

Danke
* Tag für Tag *

1

welche farben und formen hat dein tag?

welche worte der freude und der dankbarkeit hat dein tag?

2

welche farben und formen hat dein tag?

welche worte der freude und der dankbarkeit hat dein tag?

3

Welche Farben und Formen hat dein Tag ?

welche worte der freude und der dankbarkeit hat dein tag?

4

welche farben und formen hat dein tag?

welche worte der freude und der dankbarkeit hat dein Tag?

5

welche farben und formen hat dein tag?

welche worte der freude und der dankbarkeit hat dein tag?

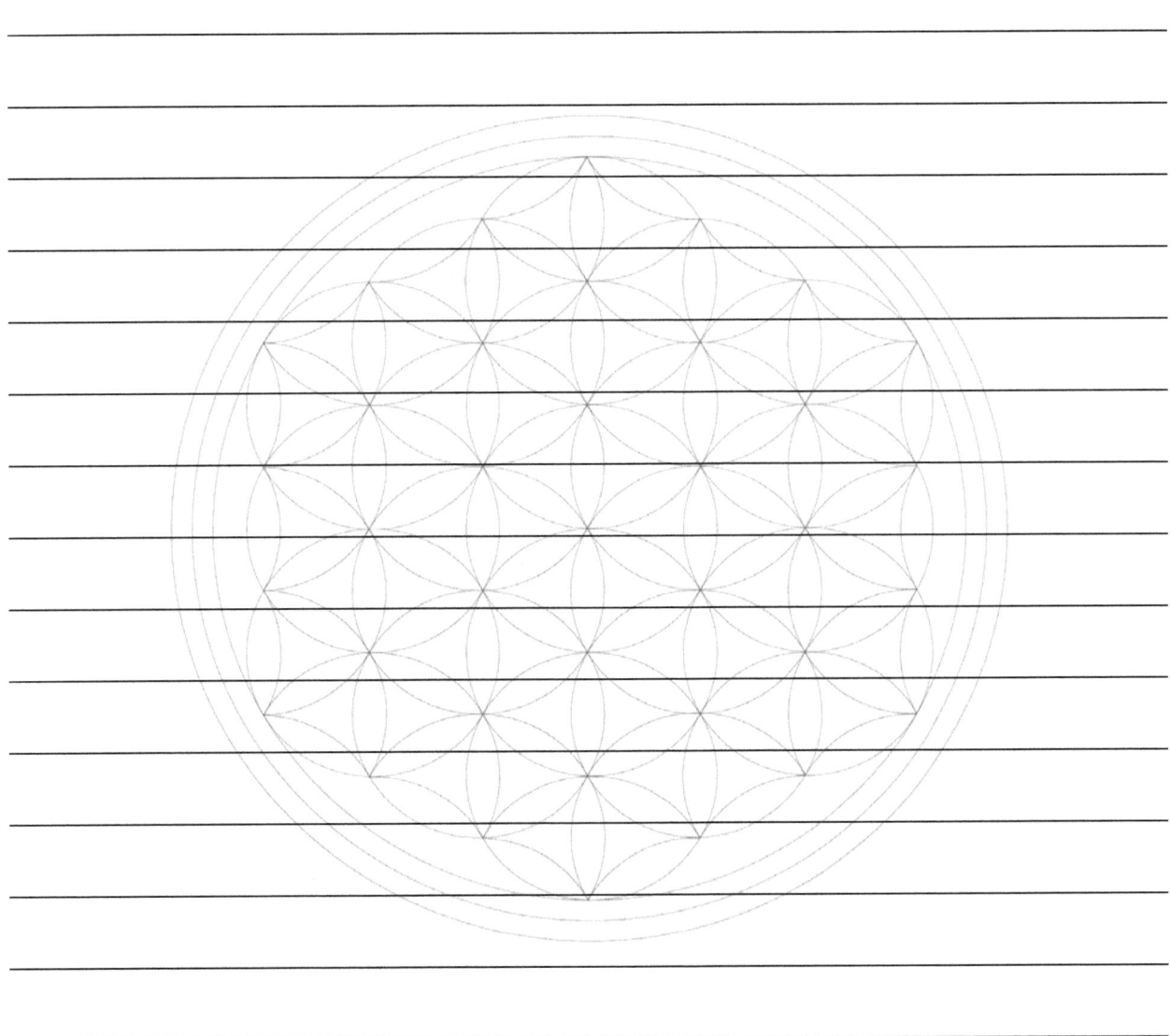

welche farben und formen hat dein Tag?

welche worte der freude und der dankbarkeit hat dein tag?

_____
_____
_____
_____
_____
_____
_____
_____
_____
_____
_____
_____
_____
_____
_____
_____

7

welche farben und formen hat dein tag?

welche worte der freude und der dankbarkeit hat dein tag ?

_____

_____

_____

_____

_____

_____

_____

_____

_____

_____

_____

_____

_____

_____

_____

8

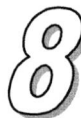

Welche Farben und Formen hat dein Tag ?

welche worte der freude und der dankbarkeit hat dein tag?

9

Welche Farben und Formen hat dein Tag ?

welche worte der freude und der dankbarkeit hat dein tag?

∞🌸∞ॐ∞🌸∞ॐ∞🌸∞ॐ∞🌸∞ॐ∞25∞ॐ∞🌸∞ॐ∞🌸∞ॐ∞🌸∞ॐ∞🌸∞ॐ∞

10

welche farben und formen hat dein tag?

welche worte der freude und der dankbarkeit hat dein tag?

11

welche farben und formen hat dein tag?

welche worte der freude und der dankbarkeit hat dein tag ?

12

welche farben und formen hat dein tag?

welche worte der freude und der dankbarkeit hat dein tag?

13

welche farben und formen hat dein tag?

welche worte der freude und der dankbarkeit hat dein tag?

∞❀∞ॐ∞❀∞ॐ∞❀∞ॐ∞❀∞ॐ∞❀∞ॐ∞33∞ॐ∞❀∞ॐ∞❀∞ॐ∞❀∞ॐ∞❀∞ॐ∞

14

welche farben und formen hat dein tag?

welche worte der freude und der dankbarkeit hat dein tag?

15

welche farben und formen hat dein tag?

welche worte der freude und der dankbarkeit hat dein tag?

16

welche farben und formen hat dein tag?

welche worte der freude und der dankbarkeit hat dein tag?

17

welche farben und formen hat dein tag?

welche worte der freude und der dankbarkeit hat dein tag?

18

welche farben und formen hat dein tag?

welche worte der freude und der dankbarkeit hat dein tag?

19

welche farben und formen hat dein tag?

welche worte der freude und der dankbarkeit hat dein tag?

∞🌸∞ॐ∞🌸∞ॐ∞🌸∞ॐ∞🌸∞ॐ∞🌸∞ 45 ∞🌸∞ॐ∞🌸∞ॐ∞🌸∞ॐ∞🌸∞ॐ∞🌸∞ॐ∞

20

welche farben und formen hat dein tag?

welche worte der freude und der dankbarkeit hat dein tag?

21

welche farben und formen hat dein tag?

welche worte der freude und der dankbarkeit hat dein tag?

22

welche farben und formen hat dein tag?

welche worte der freude und der dankbarkeit hat dein tag?

_____
_____
_____
_____
_____
_____
_____
_____
_____
_____
_____
_____
_____
_____
_____
_____

23

welche farben und formen hat dein tag?

welche worte der freude und der dankbarkeit hat dein tag?

24

welche farben und formen hat dein tag?

welche worte der freude und der dankbarkeit hat dein tag?

25

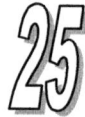

Welche Farben und Formen hat dein Tag ?

welche worte der freude und der dankbarkeit hat dein tag?

26

welche farben und formen hat dein tag?

welche worte der freude und der dankbarkeit hat dein tag?

27

welche farben und formen hat dein tag?

welche worte der freude und der dankbarkeit hat dein tag?

28

welche farben und formen hat dein tag?

welche worte der freude und der dankbarkeit hat dein tag ?

29

welche farben und formen hat dein tag?

welche worte der freude und der dankbarkeit hat dein tag?

∞❀∞ॐ∞❀∞ॐ∞❀∞ॐ∞❀∞ॐ∞❀∞ॐ∞65∞ॐ∞❀∞ॐ∞❀∞ॐ∞❀∞ॐ∞❀∞ॐ∞❀∞

welche farben und formen hat dein tag?

welche worte der freude und der dankbarkeit hat dein tag?

_____
_____
_____
_____
_____
_____
_____
_____
_____
_____
_____
_____
_____
_____
_____
_____

31

welche farben und formen hat dein tag?

welche worte der freude und der dankbarkeit hat dein tag?

Meine bereits veröffentlichten Bücher:

Die kleine Seele verreist - Lebensreise -	ISBN Nr. 978-3842348066
Reiherflug - Seelenverbindung	ISBN Nr. 978-3734743443
Die einbeinige Möwe - Seelenmalerei	ISBN Nr. 978-3833466199
Sternenstaub im Gezeitenmeer - Seelenfenster	ISBN Nr. 978-3839112748
Die Tränen der Steine	ISBN Nr. 978-3844265705
Seegespräche – Herzensverbindung Kraftort Baggersee Ingolstadt	ISBN Nr. 978-3844280708
Bereit sein - das Leben in all seiner Fülle zu wagen	ISBN Nr. 978-3844252651
Engel ohne Flügel	ISBN Nr. 978-3844268768
Kleinigkeiten am Wegesrand Spotlight I	ISBN Nr. 978-3741802485
Schmerz - verbundenes Herz Spotlight II	ISBN Nr. 978-3741815485
Fülle - folge dem Lebensfluss Spotlight III	ISBN Nr. 978-3741824418

Diese Bücher können Sie über mich oder im Buchhandel erwerben.

Weitere Informationen finden Sie unter: www.beate-hefler.de